AF460706

1911 - Mars . 1.

Vente du Mercredi 1er Mars 1911

(HÔTEL DROUOT)

CATALOGUE

DE

BEAUX LIVRES

ANCIENS ET MODERNES

LA PLUPART ILLUSTRÉS

MINIATURES. — ESTAMPES. — GRAVURES EN COULEUR

COSTUMES. — AUTOGRAPHES

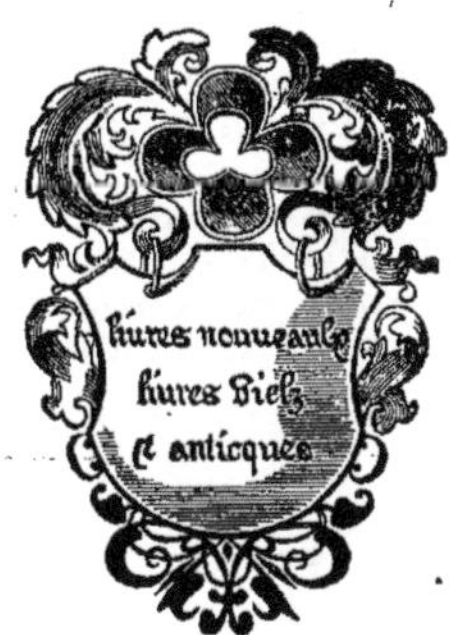

PARIS

ÉM. PAUL ET FILS ET GUILLEMIN

Libraires de la Bibliothèque Nationale

28, RUE DES BONS-ENFANTS, 28.

1911

Tours, Imprimerie Tourangelle, 20-22, rue de la Préfecture.

LA VENTE AURA LIEU

Le Mercredi 1er Mars 1911

A DEUX HEURES PRÉCISES DU SOIR

A L'HOTEL DES COMMISSAIRES-PRISEURS, 9, RUE DROUOT

SALLE N° 7

Par le ministère de Me **ANDRÉ DESVOUGES**, Commissaire-Priseur

26, RUE DE LA GRANGE-BATELIÈRE, 26

Assisté de **MM. ÉM. PAUL ET FILS ET GUILLEMIN**, Libraires-Experts

28, RUE DES BONS-ENFANTS, 28

EXPOSITION, *le samedi 25 et le lundi 27 février 1911*, 28, rue des Bons-Enfants, de 2 heures à 4 heures.

CONDITIONS DE LA VENTE

La vente se fait expressément au comptant.

Les adjudicataires paieront 10 pour cent en sus des enchères.

Les Experts se réservent la faculté, dans l'intérêt de la vente, de réunir ou de diviser les numéros du Catalogue.

Les livres devront être collationnés dans les vingt-quatre heures de l'adjudication. Passé ce délai, ils ne seront repris pour aucune cause.

Les Libraires chargés de la vente rempliront, aux conditions d'usage, les commissions des personnes qui ne pourraient y assister.

CATALOGUE

DE

BEAUX LIVRES

MINIATURES, ESTAMPES ET GRAVURES

LIVRES ANCIENS

1. Office de la Semaine Sainte en latin et françois, à l'usage de Rome et de Paris... Nouvelle édition (par Le Petit). *Paris, Dezallier*, 1701, in-8 réglé, mar. r. dos orné et fleurdelisé, large dent. à petits fers, tr. dor. *(Rel. anc.)*

   Exemplaire aux armes et au chiffre de CHARLOTTE-ELISABETH DE BAVIÈRE, DUCHESSE D'ORLÉANS, femme de Monsieur, frère de Louis XIV.
   Légère éraillure au second plat de la reliure.

2. Conceptions admirables sur tous les dimanches de l'année. Reveuës, corrigées et augmentées en ceste seconde édition, des dimanches qui manquoient à la première... Le tout presché en divers lieux, par un des plus renommez personnages, de l'une des grandes mémoires de nostre temps (le R. P. F. François Humblot). *Paris, Pierre Chevalier*, 1618, 2 vol. in-8, mar. r. dos orné, fil. et comp. à la Du Seuil. *(Rel. anc.)*

   Exemplaire portant sur le dos, aux angles et au centre des plats de la reliure, un monogramme formé de deux C entrelacés, ceux du centre accompagnés de quatre *S* barrés (ou fermés).

3. Libri quatuor de Imitatione Christi, præcipuo regni administro dicati. *Parisiis, e Typographiâ fratris Regis natu proximi (Petrus Fr. Didot junior)*, 1788, in-4, front. gr. et fleuron sur le titre, mar. r. dos orné, fil. tr. dor. *(Rel. anc.)*

   Belle édition illustrée de la figure du Sauveur du monde gravée par Ignace S. Klauber d'après le tableau original de Stella.
   Taches de rousseur.

---

4. C. Plinii Secundi historiæ mundi libri XXXVII, cum castigat. et adnotat. ex novissima et labor, edit. Iacobi Dalechampii. *Francofurti, apud Cl. Marnium et hered. J. Aubrij*, 1608, in-8, mar. r. comp. à la Du Seuil, tr. dor. (*Rel. anc.*)

Exemplaire portant la signature de BALLESDENS, et aux armes et au chiffre de J.-A. de THOU fils. La reliure est un peu restaurée.

5. LA FORTIFICATION DÉMONSTRÉE et réduite en art par feu J. Errard de Bar le Duc, Ingénieur du très chrestien roy de France et de Navarre. Reveue, corrigée et augmentée par A. Errard son nepveu.. *Paris*, 1620, in fol. réglé, titre-front. gr. et nombr. fig. gr. sur bois et sur cuivre, mar. r. dos orné, riches comp. de feuillage, tr. dor. (*Rel. anc.*)

Exemplaire de Claude-Enoch DE VIREY, premier secrétaire du Prince de Condé, revêtu d'une riche reliure dans le style des *Eve*, spécimen intéressant du décor dit *à la fanfare*. Son ornementation, qui remplit entièrement les deux plats du volume, est formée d'entrelacs et de volutes avec rinceaux de feuillage au milieu desquels sont semés des fleurs de lis, des abeilles et des roses, pièces formant les 2 et 3 des armes de Virey.
Légères restaurations ; petite piqûre de ver dans la marge inférieure du volume.

---

6. HEXASTICHON SEBASTIANI BRANT IN MEMORABILES EVANGELISTA ꝝ FIGURAS. (Au recto du f. 18 :) *Peroracio... Ista tibi Thomas Badensis cogomento Anshelmi tradidit... S. l.* (*Pforzheim*), 1504, in-4, fig. mar. brun jans. dent. int. tr. dor. (*Chambolle-Duru.*)

Ce livre singulier et rare est la copie de l'*Ars memorandi*, un des plus précieux monuments de l'art xylographique ; il se compose de 18 ff. non ch. sous les signat. a. b. c. et il est illustré de 15 figures gravées sur bois des plus bizarres représentant les attributs de chaque évangéliste avec des sujets emblématiques.
Bel exemplaire.

7. LES ŒUVRES DE M. GUILLAUME COQUILLART, en son viuant official de Reims. Nouvellement reveues et corrigees. *A Lyon, par Benoist Rigaud*, 1579, in-16 de 256 pp. mar. r. fil. tr. dor.

C'est probablement la dernière des éditions de ce poète publiées au XVIe siècle, et elle est pourtant très rare. M. Brunet n'a fait que la citer, sans l'avoir vue, et M. d'Héricault déclare n'avoir pu en rencontrer un seul exemplaire pour son édition de Coquillart.
Exemplaire aux armes du marquis de COISLIN.

8. RECVEIL || DES ŒVVRES || IEHAN MAROT illustre poëte || Francoys, Contenant || Rondeaulx. || Epistres ; || Vers espars. || Chantz diuers. M. D. XXXIIII. *On les vend à Lyon en la maison de Frãcoys Iuste Demourant deuant nostre Dame de Confort* (1534),

pet. in-8 allongé, goth. de 42 ff. sign. A-E par 8, F par 2 ff. mar. r. jans. tr. dor. (*Duru.*)

Édition non indiquée au *Manuel* et de toute rareté. Les ff. sont numérotés en chiffres arabes ; le dernier f. ne contient que la marque de Fr. Juste. Elle contient les *Proverbes énigmatiques* et un *decasticon* intitulé : *Quod Maro non Marotus sit dicendum latinis.*
Quelques raccommodages.

9. Les Œuvres de Clement Marot, de Cahors, en Querci, vallet de chambre du Roy. Reveues, augmentées de plusieurs choses, et disposées en beaucoup meilleur ordre que ci devant Plus quelques œuvres de Michel Marot fils dudit Marot. *A Niort, par Thomas Portau*, 1596, 2 tomes en 1 vol. in-16, mar. r. fil. tr. dor. (*Rel. anc.*)

Edition rare, imprimée en caractères italiques.
Exemplaire un peu court en tête.

10. Les Œuvres de Mre François de Malherbe, Gentilhomme ordinaire de la chambre du Roy. Seconde édition. *Paris, Charles Chappellain*. 1631, in-4, mar. r. fil. à froid, tr. dor. (*Petit.*)

Réimpression pure et simple de l'édition originale, publiée par Franç. d'Arbaud, sieur de Porchères, cousin de l'auteur.
Le portrait de l'auteur manque.

11. Les Poëmes de Messire Clavde Expilly, Conseiller du Roy an son Conseil d'Etat et Prezidant au Parlemant de Grenoble. *A Grenoble, de l'imprimerie de Pierre Verdier*, 1624, gr. in-4, v. f. fil. tr. r. (*Kœhler.*)

Seconde édition, fort rare et plus complète que la première. Elle est imprimée selon le système orthographique proposé par l'auteur.
Bel exemplaire du PREMIER TIRAGE.

12. Les Poësies de Gombauld. *Paris, Aug. Courbé*, 1646, in-4, mar. bleu, fil. et encadrem. tr. dor.

Exemplaire grand de marges.

13. Contes et Nouvelles en vers, par Jean de La Fontaine. *S. l.* (*Paris*), 1777, 2 vol. in-8, portr. 2 front. 81 fig. par Eisen, vign. et culs-de-lampe, v. moderne marb. dos orné, fil. dent. int. tête dor.

Contrefaçon de l'édition dite des *Fermiers Généraux*.
La figure de la page 169 du tome II est remontée. — Léger raccommodage à la figure de la page 57 du tome I.

14. Œuvres de Nicolas Boileau-Despréeaux. Nouvelle édition revue et augmentée. *Paris, Esprit Billiot*, 1713, 2 parties en 1 vol. in-4, fig. v. ant. marb. fil. tr. dor.

Edition ornée d'un beau portrait de l'auteur, par P. Drevet, et de six figures d'après Gillot.
Bel exemplaire, réglé, sur GRAND PAPIER (?) avec *témoins*.

15. Odes de M. de La Motte. Avec un discours sur la Poésie en général et sur l'Ode en particulier. Troisième édition augmentée... *Paris, Grégoire Dupuis,* 1711, 2 tomes en 1 vol. in-8, mar. vert, dos orné, fil. tr. dor. (*Padeloup.*)

16. Œuvres de Gilbert. *Paris, Ménard et Desenne,* 1817, in-8, portr. gr. par Delvaux et 3 fig. par Desenne, mar. r. à long grain, dos orné, dent. (*Rel. de l'époque.*)

17. Guirlande de Flore, par Charles Malo. *Paris, Janet, s. d.* in-18, titre-front. et 15 fig. gr. mar. vert à long grain, dos orné, dent.

18. Le premier et le second volume des || Catholicques œuvres et Actes des Apostres rédigez en escript || par Sainct Luc... Et les demonstrances des figures de Lapocalipse... avecq̃s les cruautez tant de Neron que dicelluy Domician. Et joue par personnages à Paris en lhostel de Flandres Lan Mil Cinq cens xli. (par Arnoul et Symon de Gréban, avec quelques corrections de Pierre Cuvret, ou Curet.) *On les vend en la grand Salle du Palais par Arnoul et Charles les Angeliers frères...* (A la fin du tome II :) *Fin du IVe et dernier livre du second volume des Actes des Apostres, imprime nouvellemẽt... à Paris mil cinq cens quarante ung* (1541), 2 vol, in-fol. goth. à 2 col. titres encadrés et fig. gr. sur bois, v. brun ant. fil. et comp. à froid, et ornements dorés aux angles, tr. dor. (*Rel. du XVIe siècle.*)

Edition la plus recherchée de ce célèbre mystère.
Exemplaire portant sur les plats de la reliure le dauphin couronné, emblème de FRANÇOIS II, Dauphin, puis Roi de France. — Légères restaurations.

19. Œuvres complètes de Voltaire (avec des notes de Renouard, Clogenson et autres). *Paris, Renouard,* 1819-1825, 66 vol. in-8, 113 fig. par Moreau, demi-rel. v. f. dos orné. (*Rel. de l'époque.*)

Exemplaire sur grand papier vélin, avec la suite des figures de Moreau en épreuves avant la lettre.
On y a ajouté 45 portraits gravés par Saint-Aubin et autres, *avec la lettre grise* et le portrait de Bacon gravé par Delvaux, en épreuve avant la lettre.

---

20. Georgii Fabricii Chemnicensis, Roma. Antiquitatum libri duo, et ære, marmoribus, saxis, membranisve veteribus, collecti ab eodem. *Basileæ, typis Oporinianis,* 1587, in-8, mar. r. fil. et milieu, tr. dor. (*Rel. anc.*)

Exemplaire au chiffre de Peiresc.

21. Le Muséum de Florence, ou Collection des pierres gravées, statues, médailles et peintures, qui se trouvent à Florence, principalement dans le Cabinet du grand duc de Toscane... gravé par David... avec des explications françoises, par M. Mulot... *Paris, David,* 1787-1802, 8 tomes en 4 vol. in-4, 637 pl. gr. demi-rel. chag. r. tête dor.

22. Antiquités d'Herculanum, ou les plus belles peintures antiques, et les marbres, bronzes, meubles, etc., etc., trouvés dans les excavations d'Herculanum, Stabia et Pompeïa, gravées par F.-A. David avec leurs explications, par P. S. (Sylvain) Maréchal. *Paris, David,* 1780-1803, 12 tomes en 6 vol. in-4, front. répété à chaque vol. et 852 pl. gr. demi-rel. chag. r. tête dor.

23. Traité des Pierres gravées, par P.-J. Mariette. *Paris, Imprimerie de l'auteur,* 1750, 2 vol. pet. in-fol, 3 titres, 197 pl. contenant 259 sujets et vign. gr. par le comte de Caylus d'après les dessins de Bouchardon, demi-rel. chag. vert avec coins, tr. r.

24. Recueil de Trois cent (*sic*) Têtes et sujets de composition gravés par M. le Comte de Caylus d'après les pierres gravées antiques du Cabinet du Roi. *Se vend à Paris, chés Basan, s. d.* in-4, titre et 150 pl. contenant 300 sujets gr. demi-rel. chag. vert avec coins, dos orné, tr. r.

25. Choix des Pierres gravées du Cabinet impérial des Antiques, représentées en 40 planches décrites et expliquées par M. l'abbé Eckhel. *A Vienne en Autriche, de l'Imprimerie de Joseph Noble de Kurzbeth,* 1788, in-fol. 40 pl. dessinées par Kibler et gr. par Durmer, Kohl, Mansfeld, Mark et Ponheiner, demi-rel. v. bleu, dos orné, tr. r.

26. Selecta Numismata antiqua ex museo Petri Seguini, S. Germani antissiodorensis Paris, decani. Ejusdem observationibus illustrata. *Lutetiæ Parisiorum, Edmundt Martini,* 1665, in-4, nombr. fig. gr. sur cuivre, mar. r. dos orné, fil. et comp. à la Du Seuil, dent int. tr. dor. (*Rel. anc.*)

27. Les Vrais Pourtraits des hommes illustres en piete et doctrine, du travail desquels Dieu s'est servi en ces derniers temps, pour remettre sus la vraye Religion en divers pays de la Chrestienté. Avec les Descriptions de leur vie et de leurs faits plus memorables. Plus quarante quatre Emblemes Chrestiens. Traduicts du latin de Theodore de Beze (par Simon Goulart). *S. l. (Genève) Par Iean de Laon,* 1581, in-4,

mar. bleu, comp. de fil. à fr. et fleurons dorés, tr. dor. (*Hardy*.)

Ce volume contient 103 gravures parmi lesquelles on voit 49 portraits des précurseurs, des martyrs et des principaux adeptes de la Réforme. A la fin se trouvent 44 emblèmes très joliment gravés et fort bien tirés. Quelques raccommodages.

28. Théâtre du Monde, où, par des exemples tirés des auteurs anciens, les vertus et les vices sont mis en opposition, par M. Richer... orné de très belles gravures d'après les dessins de MM. Moreau le jeune et Marillier. *Paris, Defer de Maisonneuve*, 1788, 4 vol. in-8, 20 fig. gr. demi-rel. v. brun avec coins, dos orné: non rog.

Les faux-titres des tomes II et IV et le titre du tome III sont remontés. — Légère mouillure au titre du tome IV.

LIVRES MODERNES — AUTOGRAPHES

29. ABOUT (Edmond). Tolla, avec les illustrations de Félicien de Myrbach, les ornements typographiques composés par Adolphe Giraldon et un portrait d'après Paul Baudry. *Paris, Hachette*, 1889, in-4, pl. et fig. br. *couverture illustrée*, dans un *emboîtage illustré en velours de Gênes*.

Un des 140 exemplaires numérotés sur papier du Japon (n° 86) avec *une triple suite* du portrait et des figures en épreuves avant la lettre: sur papier vélin, sur papier de Chine et sur papier du Japon (les légendes sur papier fin).

30. Aicard (Jean). La Chanson de l'enfant. Nouvelle édition, ornée de 128 compositions par T. Lobrichon avec la collaboration de E. Rudaux, gravées sur bois par L. Rousseau. *Paris, Chamerot*, 1884, gr. in-8, pap. vélin, pl. fig. et fac-similé, demi-rel. mar. r. dos orné, fil. tête dor. non rog. *couverture illustrée*.

31. Amerval (Eloy d'). La Grande Diablerie, poème du XVe siècle. *Paris, Hurtrel*, 1884, in-16, front. et 4 eaux-fortes dessinées et gravées par P. Avril et fig. en couleur, mar. vert, dos orné, encadrement de 7 fil. dent. int. non rog. *couverture illustrée* dans un étui. (*Garidel*.)

32. ARTISTE (L'). Journal de la littérature et des Beaux-Arts. *Paris, rue de Seine-Saint-Germain, s. d.* (1831-1838), 15 vol. in-4, 14 frontispices et 740 pl. gr. et lithog. demi-rel. chag. vert avec coins, dos orné, fil.

Collection complète et très rare de la première série. Les titres n'ont pas de dates. — Petites taches.

33. Augustin (Saint). Les Confessions, traduction nouvelle avec introduction par Edmond Saint-Raymond, illustrées de huit eaux-fortes composées et gravées par Adolphe Lalauze. *Paris, Hurtrel, s. d.* (1883), gr. in-8, fig. mar. olive, dos orné, fil. angles et comp. dor. doublé de tabis vert foncé, dent. tr. dor. *couverture*, dans un étui. (*Garidel.*)

34. Banville (Théodore de). Les Cariatides. *Paris, Pilout*, 1842, in-12, cart. bradel dos de perc. grise, non rog.

Edition originale.

35. — Odes funambulesques (par Théodore de Banville), avec un frontispice gravé à l'eau-forte par Bracquemont, d'après un dessin de Charles Voillemot. *Alençon, Poulet-Malassis et de Broise*, 1857, in-12, front. et planche de musique pliée, cart. bradel perc. blanche, non rog.

Edition originale.

36. Bapst (Germain). Histoire des Joyaux de la Couronne de France d'après des documents. Ouvrage orné de cinquante gravures. *Paris, Hachette*, 1889, 1 tome en 2 vol. gr. in-8, pl. et fig. br. *couvertures*.

Edition originale.
Exemplaire sur grand papier spécialement tiré pour la *Société des Bibliophiles françois*, imprimé pour M. Quentin-Bauchart.

37. BARBEY D'AUREVILLY (Jules). Les Prophètes du passé. *Caen, Imprimerie de A. Hardel*, 1851, in-16 carré, chag. r. comp. en relief et à froid, dent. int. tr. dor. (*Despierres.*)

Edition originale.
Curieux exemplaire sur papier fort, aux armes du Pape Pie IX.

38. Baudelaire (Charles). Les Fleurs du Mal, précédées d'une notice par Théophile Gautier. *Paris, Calmann Lévy*, 1901, in-12, portr. gr. sur acier, demi-rel. mar. r. genre bradel avec coins, dos orné de tiges de lotus en mosaïque de mar. vert, brun et citron, tête dor. non rog. *couverture*. (*Canape.*)

Exemplaire auquel on a ajouté : 1 portrait de Baudelaire gravé à l'eau-forte par Bracquemond. — Le frontispice de Félicien Rops pour les *Epaves* en double état : noir et sanguine. — La suite des 9 eaux-fortes par Odilon Redon, pour les *Fleurs du Mal*.

39. Beardsley (Aubrey). Sous la Colline et d'autres essais en prose et en vers ; précédé d'une préface par Jacques-E. Blanche, Traduction française de A.-H. Cornette. *Paris, Floury*, 1908. in-4, pap. vélin, front. et pl. gr. cart. perc. grise, tête dor. non rog.

40. Béranger (P.-J. de). Œuvres complètes. Nouvelle édition, revue par l'auteur, illustrées de cinquante-deux belles gravures

sur acier entièrement inédites d'après les dessins de MM. Charlet, A. de Lemud, Johannot, Daubigny, Pauquet, Jacques, Penguilly, de Rudder, Raffet, Sandoz. *Paris, Perrotin*, 1847, 2 vol. gr. in-8, portr. 52 pl. gr. sur acier et fac-similé, demi-rel. chag. r. avec coins, dos orné, ébarbé.

Exemplaire auquel on a ajouté la suite des 40 figures d'Henri Monnier *lithographiées en couleur*.

41. Bloy (Léon). Le Mendiant ingrat (Journal de l'auteur, 1892-1895). *Bruxelles, Deman*, 1898, in-8, br.

Un des 10 exemplaires numérotés sur papier du Japon (nº 9).

42. BOUCHOT (Henri). Catherine de Médicis. *Paris, Goupil, Boussod, Manzi, Joyant et Cie*, 1899, in-4, portr. 40 pl. et fig. en noir et en couleur (les légendes sur papier de soie), br. *couverture*, dans un carton.

Un des 200 exemplaires numérotés sur papier du Japon (nº 25), renfermant une *double suite* de toutes les illustrations imprimées en camaieu divers. — Prospectus illustré ajouté.

43. Boutet (Henri). Pointes sèches, 100 fac-similés. *Paris, ateliers de reproduction Fortier-Marotte* (1898), in-4, 68 pl. br. *couverture illustrée*.

Exemplaire sur papier vélin (nº 362).

44. Bouvenne (Aglaüs). Notes et Souvenirs sur Charles Meryon, son tombeau au cimetière de Charenton Saint-Maurice, avec un autographe, des dessins inédits, des portraits de Meryon et des gravures de Bracquemond, Bouvenne, Focillon et Gachet. *Paris, Charavay*, 1883, in-4, portr. 5 pl. et fig. gr. br. *couverture*.

45. Burty (Philippe). F.-D. Froment-Meurice, argentier de la ville, 1802-1855. *Paris, Jouaust*, 1883, in-4, pap. vergé, portr. 5 pl. gr. à l'eau-forte, une pl. en couleur ajoutée, fig. et fac-similés, mar. r. jans. dent. int. tête dor. ébarbé, *couverture*. (*Meuthey*.)

46. Cabanès (Docteur). Le Cabinet secret de l'histoire entr'ouvert par un médecin, précédé d'une lettre de M. Victorien Sardou. *Paris, Charles*, 1895-1900, 4 vol. pet. in-8 carré, pl. et fac-similés, br.

Edition originale.
Exemplaire sur papier de Hollande, avec les planches sur Japon.

47. Catalogue des Expositions de la Libre Esthétique à Bruxelles. Directeur des Expositions : M. Octave Maus. *Bruxelles, Impr. Veuve Monnom*, 1894-1909, 15 vol. in-12, pap. vergé, br. *couvertures illustrées*.

Collection complète jusqu'en 1909 moins l'année 1899.

48. CATALOGUE de livres et manuscrits, la plupart rares et précieux (faïences anciennes, tableaux, dessins, objets d'art) provenant du grenier de Charles COUSIN. *Paris,* 1891, 2 parties en 1 vol. in-4, 12 pl. dont 11 en chromolithog. br. *couverture illustrée.*

Exemplaire sur PAPIER DU JAPON.

49. — des livres rares et précieux, manuscrits et imprimés composant la bibliothèque de feu M. le Comtes de LIGNEROLLES ; 3 vol. (les 3 premières parties). — Table alphabétique générale et liste des prix d'adjudication. — Album. — *Paris, Porquet,* 1894. — Ens. 4 vol. gr. in-8 de texte, br. et 1 album gr. in-4 contenant 1 portr. et 168 pl. en feuilles, dans un carton, dos de perc. bleue.

Exemplaire sur PAPIER DE HOLLANDE portant un *envoi autographe de Madame la Vicomtesse de Boislandry à M. Quentin-Bouchart.*

50. — des livres rares et précieux, manuscrits et imprimés composant la bibliothèque de feu M. le Baron S. de LA ROCHE LACARELLE. *Paris, Porquet,* 1888, in-4, portr. 38 pl. de reliures en héliogravure et 21 de fac-similés, br.

Exemplaire sur PAPIER DE HOLLANDE avec le portrait *en double état* : AVANT LA LETTRE et EAU-FORTE auquel on a ajouté la Table alphabétique des noms d'auteurs et des ouvrages anonymes, suivie de la liste des prix d'adjudication.

51. — de la Bibliothèque de feu M. le Baron Jérôme PICHON, président honoraire de la Société des Bibliophiles françois : 3 vol. portr. 10 pl. et fac-similés. — Dessins et estampes de l'Ecole française du XVIIe et du XVIIIe siècle. — Objets antiques, du Moyen âge, de la Renaissance, etc. 16 pl. — *Paris,* 1897-1898. — Ens. 5 vol. gr. in-8, portr. pl. et fac-similés, br.

Exemplaires sur PAPIER DE HOLLANDE avec la liste des prix d'adjudication ajoutée à la première partie des livres rares et précieux.

52. — des livres composant la bibliothèque de feu de M. le Baron James DE ROTHSCHILD (rédigé par M. Emile Picot). *Paris, Morgand,* 1884-1893, 3 forts vol. in-8, portr. en photogravure, 33 pl. en noir et en couleur et fig. br. *couvertures.*

Exemplaire numéroté sur GRAND PAPIER DE HOLLANDE (n° 31).

53. CORNEILLE (P.). Théâtre choisi avec une notice par M. Poujoulat. Vingt-cinq sujets et un portrait gravés à l'eau-forte par V. Foulquier. *Tours, Mame,* 1880, gr. in-8, pap. vélin, portr. sur Chine et vign. gr. demi-rel. mar. r. avec coins, fil. tête dor. non rog.

54. DANTAN. Les Dominotiers de Dantan jeune (avec une épître de L. Jousserandot et pièces de vers de S.-H. Berthoud). *Paris,*

rue Saint-Lazare, cité d'Orléans, janvier 1848, in-4, front. en couleur et 56 portr. lithog. tirés sur Chine et montés sur onglets, demi-rel. mar. r. avec coins, dos orné, fil. tête dor. non rog. (*R. Petit.*)

Ouvrage tiré à 70 exemplaires numérotés et devenu rare.

Exemplaire bien conforme à la description donnée par M. Vicaire dans son *Manuel*. Il porte le n° 37 et le nom de M. P.-J. Jollivet, peintre d'histoire, représenté dans la planche XXXIV.

55. Darzens (Rodolphe). L'Amante du Christ, scène évangélique, en vers représentée au Théâtre-Libre le 19 octobre 1888. Préface de E. Ledrain. Frontispice gravé par Félicien Rops. *Paris, Lemerre*, 1888, in-8 de 45 pp. et 1 f. non ch. front. gr. à l'eau-forte, br. *couverture*.

Edition originale.

56. Démidoff (Anatole de). Album du Voyage pittoresque et archéologique en Russie, par le Havre, Hambourg, Lubeck, Saint-Pétersbourg, Moscou... dessiné d'après nature et lithographié par André Durand. (Les figures par Raffet). *Paris, Gihaut frères, s. d.* — Album in-fol. comprenant un titre, un faux-titre, un feuillet pour la table des planches et 100 pl. par Raffet, demi-rel. chag. grenat, dos orné, non rog.

Exemplaire monté sur onglets.

57. — Voyage dans la Russie méridionale et la Crimée, par la Hongrie, la Valachie et la Moldavie, exécuté en 1837 (par MM. de Sainson, Houst, Leveillé, Rousseau, de Nordmann et Du Ponceau). *Paris, Ernest Bourdin, s. d.* — Album in-fol. de 100 pl. par Raffet, et montées sur onglets, précédées de 64 pp. de texte comprenant un faux-titre et l'explication des 87 premières planches, demi-rel. chag. vert, dos orné, *couverture illustrée*.

58. Deshoulières (Mme). Œuvres choisies, avec une préface par M. de Lescure. Frontispice gravé par Lalauze. *Paris, Librairie des Bibliophiles*, 1882, in-16, front. gr. à l'eau-forte, mar. olive, dos et fil. mosaïqués de mar. grenat, dent. int. tr. dor. *couverture*.

De la *Bibliothèque des Dames*.

59. Dorez (Léon). Les Manuscrits à peintures de la bibliothèque de lord Leicester à Holkham Hall, Norfolk. Choix de miniatures et de reliures publié sous les auspices de l'Académie des inscriptions et belles-lettres et de la Société des Bibliophiles françois. *Paris, Leroux* 1908, in-fol. 60 pl. en héliogr. et en phototypie, en feuilles, dans un carton dos de perc. verte.

Edition tirée à 300 exemplaires, dont 150 seulement ont été mis dans le commerce.

Exemplaire imprimé pour la Société des Bibliophiles françois, au nom de M. Quentin-Bauchart.

60. Double (Bon L.). Cabinet d'un curieux. Description de quelques livres rares (par M. le Baron Lucien Double). *Se donne chez l'auteur à Paris*, 1892, in-8, pap. de Hollande, 12 pl. de reliures anciennes et 11 de fac-similés, br. *couverture.*

61. DOUCET (Jérôme). Trois Légendes d'or, d'argent et de cuivre. Sainte Marie l'Egyptienne, le Beau Visage de la Mort, l'Ame du Samovar ; illustrées de trente-trois compositions par Georges Rochegrosse, gravées en taille-douce. *Paris, Ferroud*, 1901, in-8, pl. et fig. gr. mar. La Vall. plats ornés d'une riche décoration florale en mosaïque de mar. noir et violet, encadrement int. de mar. doublé et gardes d'étoffe brochée, tr. dor. *couverture*, étui. (*René Kieffer.*)

Exemplaire sur PEAU DE VÉLIN, non mis dans le commerce.

62. EXPOSITION (L') rétrospective de l'Art décoratif français, 1900. Description par Gaston Migeon... avec une introduction par M. Emile Molinier. *Paris, Manzi, Joyant et Cie, s. d.* (1901), 10 livraisons gr. in-4, 100 pl. en photogravure en noir et en *couleur* et fig. en feuilles, dans deux emboîtages en peau verte maroquinée.

Edition tirée à 200 exemplaires numérotés (n° 34).

63. Fifre (le), Journal hebdomadaire illustré par J.-L. Forain. *Paris*, 1889, 15 numéros en 1 vol. gr. in-4, nombr. fig. et portraits-charge, br. *couverture.*

Collection complète.

64. Funck-Brentano (Frantz). La Régence, 1715-1723. *Paris, Manzi, Joyant et Cie*, 1909, in-4, 52 pl. dont 4 en *couleur* et fig. br. *couverture.*

Edition tirée à 500 exemplaires numérotés sur papier à la main des Manufactures de Rives (n° 461).

65. Gautier (Féli). Charles Baudelaire ; orné de 26 portraits différents du poète et de 28 gravures et reproductions. Dessins de Baudelaire, fac-similés d'autographes, etc., *Bruxelles, Deman*, 1904, pet. in-4, fig. br. couverture.

Tiré à 150 exemplaires numérotés (n° 3).

66. GAUTIER (Théophile). Jean et Jeannette. Illustrations dessinées et gravées par Ad. Lalauze. Préface par Léo Claretie. *Paris, Ferroud*, 1894, in-8, fig. à l'eau-forte, mar. bleu, dos orné, bel encadrement de style rocaille doré sur les plats, *doublé de mar. citron* avec fil. et comp., angles mosaïqués de mar. bleu, tr. dor. *couverture*, dans un étui. (*Chambolle-Duru.*)

Edition tirée à 500 exemplaires numérotés.

Un des 80 exemplaires sur grand papier vélin d'Arches (n° 96), avec les eaux-fortes en *triple état* : avec la lettre, AVANT LA LETTRE *avec remarques* et EAUX-FORTES PURES. — Prospectus illustré ajouté.

67. GAVARNI. Œuvres choisies, revues, corrigées et nouvellement classées par l'auteur. Etudes de mœurs contemporaines.., avec des notices en tête de chaque série par MM. Th. Gautier, Laurent-Jan, Lireux, Léon Gozlan, A. Berthet, A. de Soubiran et P.-J. Stahl. *Paris, Hetzel*, 1846-1848, 4 vol. gr. in-8, front. et nombr. pl. gr. sur bois, br. *couvertures illustrées*, 2 dos réparés.

PREMIER TIRAGE.

68. GOLBERG (Mecislas). La Morale des lignes, avec des reproductions de dessins de Rouveyre et un portrait (de Rouveyre) par A. de La Gandara gravé sur bois en deux tons, par P.-E. Vibert. *Paris, Vanier*, 1908, in-12, portr. et fig. br. *couverture*.

Exemplaire numéroté sur PAPIER DU JAPON (n° 26).

69. GOLDSMITH (Olivier). Le Vicaire de Wakefield. Traduction, préface et notes par Charles Nodier. Nouvelle édition. Eaux-fortes par Ad. Lalauze. *Paris, Librairie des Bibliophiles*, 1888, 2 vol. in-16, portr. et fig. br. *couvertures*

De la *Petite Bibliothèque artistique*.

Exemplaire numéroté sur PAPIER WHATMAN (n° 30) avec les eaux-fortes *en double état* : avec et AVANT LA LETTRE.

70. GONCOURT (J. et Ed.). L'ART DU DIX-HUITIÈME SIÈCLE. *Paris, Dentu*, 1859-1875, 12 fascicules en 1 vol. in-4, front. et 38 pl. gr. à l'eau-forte, demi-rel. mar. r. avec coins, chiffre sur le dos, tête dor. ébarbé.

Collection complète, tirée à petit nombre, de l'ÉDITION ORIGINALE. Très rare.

71. GUYOT (Ludovic). Aimer, prier, chanter. Etudes poétiques et religieuses. Par Ludovic*** (Guyot, ou Guilleau). *Paris, Paul Dupont et Ledoyen*, 1834, in-18, pap. vélin, v. f. dos orné, fil. dent. int. tr. dor. (*Rel. de l'époque.*)

ENVOI AUTOGRAPHE de l'auteur signé *L*.

72. HAVARD (Henry). Histoire de l'Orfèvrerie française. *Paris, Librairies-Imprimeries réunies*, 1896, gr. in-4, 40 pl. en noir. et en chromolithog. et nombr. fig. cart. non rog.

73. HELLEU. Nos Bébés. *Paris, Bouquet, s. d.* gr. in-4, nombr. fig. en noir et *en couleur*, en feuilles, dans un carton dos et coins de perc. brune.

Un des 50 exemplaires numérotés sur PAPIER DU JAPON (n° 17).

74. HENNIQUE (Léon). PŒUF. Edition illustrée de 45 dessins inédits de Jeanniot, gravés sur bois par Viéjo. *Paris, Floury*,

1899, in-4, portr. et fig. demi-rel. mar. r. avec coins, dos orné et mosaïqué de mar. vert et r. fil. tête dor. non rog. *couverture illustrée*. (*Champs*.)

Bel exemplaire, un des 40 sur PAPIER DU JAPON (nº 50), enrichi d'une BELLE AQUARELLE ORIGINALE de JEANNIOT.

75. HERMANN-PAUL : Alphabet pour les grands enfants. Album inédit. Préface de Henry Bauër. — Guignols, 60 dessins. — *Paris*, 1898-1899. Ens. 2 albums in-4 et in-4 obl. nombr. fig. et portraits-charge, br. *couvertures illustrées*.

76. HOPE (Mrs W.-C. Elphinstone). L'Etoile des Fées. Traduction de l'anglais par M. Stéphane Mallarmé. Illustrations de John Laurent. *Paris*, *Charpentier*, 1881, in-4, 11 pl. gr. br. couverture un peu fatig.

PREMIER TIRAGE.

77. HUGO (Victor). L'Ane. *Paris*, *Calmann Lévy*, 1880, gr. in-8, demi-rel. mar. bleu avec coins, fil. tête dor. non rog. (*Reymann*.)

EDITION ORIGINALE.
Un des 40 exemplaires numérotés sur PAPIER DE HOLLANDE (nº 6).

78. — Les Burgraves, trilogie. *Paris*, *Michaud et Duriez*, 1843, in-8, cart. bradel, dos de mar. r. non rog.

EDITION ORIGINALE.

79. — Odes et Ballades. Edition Nationale. *Paris*, *Lemonnyer*, *Richard*, 1885, in-4, portr. pl. et vign. gr. à l'eau-forte, demi-rel. mar. r. avec coins, dos orné, fil. tête dor. non rog.

Exemplaire sur GRAND PAPIER VERGÉ (nº 578), avec les eaux-fortes *en double état* : avec et AVANT LA LETTRE.

80. — Les Quatre Vents de l'Esprit. Le Livre satirique. Le Livre dramatique. Le Livre lyrique. Le Livre épique. *Paris*, *J. Hetzel*; *A. Quantin*, 1881, 2 vol. in-8, demi-rel. mar. grenat genre bradel avec coins, dos orné fil. tête dor. non rog.

EDITION ORIGINALE.
Exemplaire unique sur PEAU DE VELIN.

81. HURTREL (Mme Alice). Souvenirs du règne de Henri IV. Les Amours de Catherine de Bourbon, sœur du Roi, et du Comte de Soissons. *Paris*, *Hurtrel*, 1882, in-16, pl. et fig. dont 2 gr. à l'eau-forte par Lalauze, mar. vert foncé, dos orné, fil. *doublé de mar. vert*, dent. et ornements dor. aux angles et au milieu, tr. dor. (*Garidel*.)

82. HUYSMANS (J.-K.). Les Sœurs Vatard, illustrées de vingt-huit compositions, dont cinq hors texte en couleur, par J.-F.

Raffaëlli. Préface de Lucien Descaves. *Paris, Ferroud,* 1909, in-4, pl. et fig. br. *couverture.*

Edition tirée à 240 exemplaires numérotés sur papier vélin d'Arches (nº 158).

83. Ibels (H.-G.). Les Demi-Cabots. Le Café-Concert. Le Cirque. Les Forains. Textes de Georges d'Esparbés, André Ibels, Maurice Lefèvre, Georges Montorgueil (Dessins de H.-G. Ibels). *Paris, Charpentier et Fasquelle* : *L. Conquet*, 1896, in-8, fig. cart. bradel dos et coins de v. vert, non rog. *couverture illustrée.* (*Carayon.*)

Un des 100 exemplaires numérotés sur papier de Chine (nº 52), auquel on a ajouté l'affiche illustrée de vente, pliée à la fin du volume.

84. Image (L'). Revue mensuelle illustrée d'éducation, d'instruction et de récréation. 1re année. *Paris, J.-J. Dubochet, Le Chevalier et Cie*, 1847, in-8, titre encadré, nombr. fig. gr. sur bois et musique notée, cart. perc. bleue, fers spéciaux, tr. dor. (*Cart. de l'époque.*)

Seule année parue de ce journal illustré par Bertall, Karl Girardet, J. Gigoux, Janet-Lange, Horace Vernet, etc.
Cartonnage très frais.

85. Keepsake d'Histoire naturelle : Description des Mammifères. Classification de Cuvier. Texte de Buffon, revu... par M. Charles d'Orbigny. Ouvrage illustré par 140 dessins de Victor Adam ; 41 pl. — Description des Oiseaux... Classification de Cuvier. Texte de Buffon revu... par M. Achille Comte. Ouvrage illustré par 150 dessins de Victor Adam ; 38 pl. — *Paris et Londres, s. d.* — Ens. 2 vol. gr. in-8, portr. gr. sur acier, front. titres et 79 pl. gr. et *coloriées*, demi-rel. chag. bleu avec coins, dos orné, fil. tr. dor.

Premiers tirages.

86. La Chaussée. Contes et poésies publiés par le Bibliophile Jacob (P. Lacroix). Eau-forte par Ad. Lalauze. *Paris, Librairie des Bibliophiles*, 1880, in-16, front. gr. à l'eau-forte, demi-rel. mar. r. avec coins, dos orné, fil. tête dor. non rog. *couverture* dont on a conservé le dos. (*Canape.*)

De la *Collection des Chefs-d'œuvre inconnus.*
Exemplaire réservé pour l'artiste, Adolphe Lalauze, tiré sur papier Whatman avec le frontispice *en double état* : avec et avant la lettre.
On y a ajouté le DESSIN ORIGINAL au lavis du frontispice et une *triple épreuve*, avant toutes lettres, de ce frontispice : sur Hollande, sur Japon et sur parchemin.

87. Lacroix (Paul) : Moyen Age et Renaissance : Les Arts, Sciences et Lettres : Vie militaire et religieuse ; Mœurs, usages et costumes. — XVIIIe siècle : Lettres, sciences et arts ; Institutions, usages et costumes. — *Paris, Firmin-Didot*, 1875-

1878. – Ens. 6 vol. in-4, nombr. pl. et fig. en noir et en chromolithog. demi-rel. chag. r. dos orné, dont 5 avec fers spéciaux, tr. dor.

88. LACROIX (Paul). XVIIIe siècle. Lettres, sciences et arts. France, 1700-1789. Ouvrage illustré de 16 chromolithographies et de 250 gravures sur bois (dont 20 tirées hors texte) d'après Watteau, Vanloo, Boucher, Lancret, Greuze, Chardin, Oudry, Vernet, etc. *Paris, Firmin-Didot* 1878, in-4, front. pl. et fig. en noir et en couleur, demi-rel. mar. bleu avec coins, dos orné, tête dor. non rog.

Un des 650 exemplaires numérotés sur GRAND PAPIER (no 548) avec la plupart des planches sur CHINE.

89. LAMARTINE (A. de). Harmonies poétiques et religieuses. *Paris, Hachette*, 1893, in-12, mar r. dos orné, fil. angles et comp. dor. dent. int. tr. dor. (*Garidel.*)

90. LÉGENDE Céleste. Nouvelle Histoire de la vie des Saints avec la vie de Notre Seigneur Jésus-Christ, celle de la sainte Vierge et le précis historique des fêtes de l'année. Le tout d'après les documents les plus authentiques, par une Société de littérateurs et d'ecclésiastiques. Ouvrage revu par MM. les Vicaires généraux et approuvé par Monseigneur l'archevêque de Paris. *Paris, Herman*, 1847, 4 vol. gr. in-8, frontispices, pl. et vign. en *couleur*, br. *couvertures.*

91. LEMONNIER (Camille). Félicien Rops, l'homme et l'artiste. *Paris Floury*, 1908, in-4, portr. nombr. pl. et fig. br. *couverture illustrée.*

Edition tirée à 175 exemplaires numérotés.
Exemplaire sur papier vélin (no 158), avec les planches hors texte *en double état* : sur papier vélin et sur PAPIER DE CHINE, le *tirage à part* de toutes les illustrations du texte sur CHINE VOLANT, et une planche EN COULEUR « *Canicule* » imprimé pour le compte de M. Edmond Deman, libraire à Bruxelles.

92. LESCURE (de). Marie-Antoinette et sa famille. Cinquième édition. Soixante dix compositions de MM. Delort, Du Paty, Gerlier, Monginot, Scott, Tofani; gravure de F. Méaulle. *Paris, Ducrocq*, 1888, gr. in-8, portr. pl. et fig. demi-rel. mar. bleu avec coins, dos orné, fil. tête dor. ébarbé, dans un étui.

93. LOVENJOUL (Vte de Spœlberch de) : Etudes Balzaciennes. Autour de Honoré de Balzac. — Le Genèse d'un roman de Balzac. Les Paysans. Lettres et fragments inédits. — Une Page perdue de H. de Balzac. Notes et documents accompagnés du

fac-similé de la page. — *Paris, Calmann-Lévy et Ollendorff*, 1897-1903. — Ens. 3 vol. in-8, br. *couvertures.*

Exemplaires tirés à petit nombre et numérotés sur GRAND PAPIER DE HOLLANDE.

94. MAILLARD (Léon). L'Œuvre de Auguste Boulard. *Paris, Floury*, 1896, in-4, portr. pl. et vign. gr. à l'eau-forte et lithog. cart. bradel dos et coins de perc. grise, non rog. *couverture illustrée.*

Edition tirée à 450 exemplaires numérotés.
Exemplaire sur papier vélin (nº 335).

95. MALLARMÉ (Stéphane). Poésies. Frontispice de F. Rops. *Bruxelles, Deman*, 1899, in-4, front. gr. à l'eau-forte, br. *couverture illustrée.*

Edition tirée à 150 exemplaires numérotés sur PAPIER DE HOLLANDE VAN GELDER (nº 101).

96. MARIUS-MICHEL. La Reliure française depuis l'invention de l'imprimerie jusqu'à la fin du XVIIIe siècle. *Paris, Morgand et Fatout*, 1880, gr. in-4, front. gr. à l'eau-forte par Edmond Hédouin, 22 pl. de reliures en héliogravure et fig. demi-rel. mar. grenat avec coins, dos orné et mosaïqué de mar. bleu, fil. non rog.

EDITION ORIGINALE.

97. MAUPASSANT (Guy de). Clair de lune. Illustrations de Arcos, Boutet de Monvel, Gambard, Grasset, Jeanniot, Adrien Marie, Mars, Myrbach, Renouard, Rochegrosse, Tirado. *Paris, Monnier*, 1884, gr. in-8, fig. br. *couverture illustrée.*

PREMIÈRE ÉDITION ILLUSTRÉE.

98. MAZE-SENCIER (Alph.). Le Livre des Collectionneurs. Les Ebénistes, les Ciseleurs-bronziers, les Tabatières, la Dinanderie, l'Horlogerie, la Céramique, les Peintres en miniature, les Sculpteurs en ivoire, les Terres cuites, les Modeleurs en cire, les Jarretières, les Boutons d'habits, les Eventails, les Timbres-poste, etc., etc. *Paris, Loones*, 1885, gr. in-8, fig. gr. sur bois, demi-rel. mar. vert avec coins, dos orné et mosaïqué de mar. r. fil. tête dor. ébarbé, *couverture.*

99. MONTALIVET (le Comte de). Un Heureux coin de terre. Saint-Bouize et Couargues (département du Cher). *Paris, Quantin*, 1878, in-12, mar. grenat jans. doublé et gardes de moire grenat, dent. tr. dor. (*R. Petit.*)

Ouvrage publié à l'occasion des noces d'or du comte et de la comtesse Camille Bachasson de Montalivet et distribué à chacune des familles de Saint-Bouize et de Couargues.

Exemplaire sur papier fort auquel on a ajouté une suite de 10 dessins lithographiés représentant des vues de Saint-Bouize et du château de

Lagrange. — La reliure porte des armoiries en mosaïque de maroquin bleu, accompagnées de la devise : *Scindat ut nutriat.*

100. Montesquieu. Lettres Persanes, publiées en deux volumes avec une préface par M. Tourneux. Dessins d'Ed. de Beaumont gravés à l'eau-forte par Boilvin. *Paris, Librairie des Bibliophiles*, 1886, 2 vol. in-16, portr et fig. br. *couvertures.*

De la *Petite Bibliothèque artistique.* — Rare.

101. Morale (La) en action. Nouveau choix de bons exemples tirés des rapports faits à l'Académie pour les prix de vertu fondés par M. de Monthyon, par MM. Ch. Nodier. Ecribe, Villemain, Tissot, Vitet, de Salvandy, de Noailles, etc., suivis d'anecdotes, d'histoires et de maximes extraites des auteurs anciens et modernes. *Paris, Rigaud, s. d.* in-8, front. et 7 pl. en lithog. teintée par E. Lejeune, cart. perc. bleue, fers spéciaux, tr. dor. (*Cart. de l'époque.*)

Exemplaire du premier tirage recouvert de son cartonnage original très frais.

102. Mouilleron (A.). Souvenirs de Hollande. Dessins et Croquis tirés des Collections du Comte André Mniszech à Paris et de D. Franken Dz, au Vésinet, et offerts par eux aux amis de leur ami Mouilleron. *S. l.* (*Paris*), 1897, in-fol. titre, 3 pp. de texte, portr. et 48 pl. en feuilles, dans un carton, dos et coins de perc. grenat.

Tiré à 100 exemplaires et non mis dans le commerce.

103. Musset (Alfred de). Un Spectacle dans un fauteuil. *Paris, Eugène Renduel*, 1833, in-8, demi-rel. mar. r. genre bradel avec coins, *non rog.*

Edition originale.

Ce volume, qui forme la première livraison du « *Spectacle dans un fauteuil* », contient les pièces suivantes : *La Coupe et les lèvres, A quoi rêvent les jeunes filles et Namouna.*

Le faux-titre ne porte pas au verso le nom de l'imprimeur.

104. Musset (Alfred et Paul de). Nouvelles. Pierre et Camille. Le Secret de Javotte. Fleuranges. Deux mois de séparation. *Paris, Victor Magen*, 1848, in-8, cart. bradel, dos et coins de perc. bleue, non rog. (*Boulineau.*)

Edition originale.

Les deux premières nouvelles sont d'Alfred de Musset et les deux dernières de Paul de Musset.

105. Notice sur un Manuscrit du XIVe siècle. Les Heures du Maréchal de Boucicaut. *A Paris, pour la Société des Bibliophiles françois*, 1889, in-4 réglé et 10 pl. br. *couverture.*

Edition tirée seulement à 100 exemplaires.

Un des 30 exemplaires destinés aux membres de la Société des Bibliophiles françois, tiré au nom de M. Quentin-Bauchart avec 8 des planches *en double état* : en noir et coloriées à la main par Ernest Guerrier.

106. Paroissien Romain contenant les Offices de tous les dimanches et des principales fêtes de l'année en latin et en français, extrait du bréviaire et du missel de Rome... Edition Diamant. *Paris, Mozizot, s. d*, in-12, front. en couleur, fig. et vign. gr. reliure en ivoire avec médaillon renfermant une tête de fem[illegible] gravée en couleurs sur le premier plat, tr. dorée, peint[illegible] ciselée, fermoir.

Fente à l'angle du premier plat de la reliure.

107. Péladan (Joséphin). La Décadence latine. Ethopée IV. A Cœur perdu. *Paris, Edinger*, 1888, gr. in-8, front. gr. à l'eau-forte par Félicien Rops, br. *couverture illustrée.*

Edition originale.
Un des 100 exemplaires numérotés sur grand papier de Hollande (n° 80), avec le frontispice avant la lettre.

108. Pineau (Les), sculpteurs, dessinateur des bâtiments du Roy, graveurs, architectes (1652-1886), d'après les documents inédits, contenant des renseignements nouveaux sur J. Hardouin-Mansard, les Prault, imprimeurs-libraires des fermes du Roy, Jean-Michel Moreau le jeune, les Feuillet, sculpteur et bibliothécaire, les Vernet, etc., publié par la Société des Bibliophiles françois. *Paris, pour la Société des Bibliophiles françois, chez Morgand*, 1892, gr. in-4, 22 pl. dont 7 en photogravure et nombr. fig. br. *couverture.*

Edition publiée par les soins de M. Emile Biais et tirée à 280 exemplaires.
Un des 30 exemplaires sur grand papier, destinés aux membres de la Société, tiré au nom de M. Ernest Quentin-Bauchart, avec les photogravures *en double état* : avec et avant la lettre.

109. Poe (Edgar). Poèmes. Traduction de Stéphane Mallarmé, avec portrait et fleuron par Edouard Manet. Deuxième édition. *Bruxelles, Deman*, 1897, in-4, portr. br. *couverture illustrée.*

Un des 25 exemplaires numérotés sur papier du Japon (n° 10).

110. Polet de Faveaux (Th.). Suarsuksiorpok, ou le Chasseur à la Bécasse, par Sylvain (Th. Polet de Faveaux, magistrat belge). illustré de croquis par Félicien Rops. *Paris, Goin*, 1862, in-12, fig. br. *couverture illustrée.*

Exemplaire sur grand papier de Hollande de cet ouvrage rare, illustré de nombreuses vignettes dans le texte et de 6 planches hors texte par *Félicien Rops* (dessins à la plume très humoristiques).

111. Porcherons (Les), poème en sept chants publié par le Bibliophile Jacob (P. Lacroix). Eau-forte par Ad. Lalauze. *Paris, Librairie des Bibliophiles*, 1882, in-16, front. gr. à l'eau-forte,

demi-rel. mar. vert avec coins, dos orné, fil. tête dor. non rog. *couverture* dont on a conservé le dos. (*Canape.*)

De la *Collection des Chefs-d'œuvre inconnus.*
Exemplaire sur PAPIER WHATMAN, avec le frontispice *en double état* : avec et AVANT LA LETTRE.
On y a ajouté le DESSIN ORIGINAL au lavis du frontispice et une *triple épreuve*, AVANT TOUTES LETTRES, de ce frontispice : sur HOLLANDE, sur JAPON et sur PARCHEMIN.

112. QUENTIN-BAUCHART (Ernest). Bibliothèque de la Reine Marie-Antoinette au château des Tuileries. Catalogue authentique publié d'après le manuscrit de la Bibliothèque Nationale, par E. Q. B. (Ernest Quentin-Bauchart). *Paris, Morgand*, 1884, in-16, cart. perc. blanche, non rog.

Un des 25 exemplaires sur PAPIER DE CHINE.

113. REISET (le Vicomte de). Marie-Caroline, duchesse de Berry, 1816-1830. (Illustrations d'après les documents contemporains, planches imprimées en camaïeu, deux planches fac-similé en couleurs). *Paris, Goupil*, 1906, in-4, nombr. fig. et pl. br. *couverture.*

Exemplaire sur papier à la main des manufactures de Blanchet frères et Kléber (n° 438).

114. RODRIGUES (Eug.) : Etudes sur quelques Artistes originaux. Félicien Rops, par Erastène Ramiro (Eug. Rodrigues). *Paris, Pellet et Floury*, 1905. — Supplément au catalogue descriptif de l'Œuvre gravé de Félicien Rops. *Bruxelles, Deman*, 1893. — Ens. 1 vol. et 1 opuscule in-4, portr. et pl. gr. à l'eau-forte. et en héliog. et fig. br. *couvertures illustrées.*

115. ROUSSEAU (J.-J.). La Nouvelle Héloïse avec une préface par J. Grand-Carteret. Dessins d'Edmond Hédouin gravés par lui-même et par Toussaint Eaux-fortes de Lalauze imprimées dans le texte. *Paris, Librairie des Bibliophiles*, 1889, 6 vol. in-16, portr. fig. et vign. br. *couvertures.*

De la *Petite Bibliothèque artistique.*
Exemplaire numéroté sur PAPIER WHATMAN (n° 33) avec les eaux-fortes *en double état* : avec et AVANT LA LETTRE.

116. — La Nouvelle Héloïse, avec une préface par J. Grand-Carteret. Dessins d'Edmond Hédouin gravés par lui même et par Toussaint. Eaux-fortes de Lalauze imprimées dans le texte. *Paris, Librairie des Bibliophiles*, 1889, 6 vol. in-8, portr. pl. et vign. br. *couvertures.*

De la *Petite Bibliothèque artistique.*
Exemplaire numéroté sur GRAND PAPIER DE HOLLANDE (n° 128).

117. SADE (Mis de). Aline et Valcourt, ou le Roman philosophique, écrit à la Bastille, un an avant la Révolution de

France (par le Marquis de Sade). *Bruxelles, Gay*, 1883, 4 vol. in-8, front. et fig. demi-rel. mar. r. dos orné, tête dor. non rog.

118. Saint-Lambert. Contes, publiés par le Bibliophile Jacob (P. Lacroix). Eau-forte par Ad. Lalauze. *Paris, Librairie des Bibliophiles*, 1883, in-16, front. gr. à l'eau-forte, demi-rel. mar. bleu avec coins, dos orné, fil. tête dor. non rog. *couverture* dont on a conservé le dos. (*Canape*.)

De la *Collection des Chefs-d'œuvre inconnus.*
Exemplaire sur papier Whatman, avec le frontispice en *double état*, avec et avant la lettre.
On y a ajouté le DESSIN ORIGINAL au lavis du frontispice et une *double épreuve* de l'eau-forte de ce frontispice : avant toutes lettres sur Hollande et l'eau-forte pure sur Japon.

119. Sterne (Laurence). Voyage sentimental en France et en Italie. Traduction nouvelle et notice de M. Emile Blémont. Illustrations de Maurice Leloir comprenant 220 dessins dans le texte et 12 grandes compositions hors texte. *Paris, Launette*, 1884, in-4, portr. et pl. en photogravure et fig. br. *couverture illustrée.*

120. Sue (Eugène). Le Juif errant. Edition illustrée par M. Louis Huard et par MM. Eugène Verboeckhoven, Lauters, Hendrickx, Le Hon, T. Schaggeny, Stroobant, Kreins, etc. *Bruxelles, Meline, Cans et Cie*, 1846, 3 vol. gr. in-8, 72 pl. et nombreuses vignettes gr. sur bois, demi-reliure chag. vert, dos orné, non rogné.

Premier tirage.

121. Tahureau (Jacques): Mignardises amoureuses de l'admirée, publiées et annotées par Prosper Blanchemain. — Odes, sonnets et autres poésies gentilles et facétieuses, réimprimées textuellement sur l'édition très rare de Poitiers, 1554, augmentée d'une préface, par Prosper Blanchemain. — *Genève, Gay*, 1868-1869. — Ens. 2 vol. pet. in-12, vélin blanc à recouvr. dos orné, fil. tête dor. non rog.

De la *Collection des Raretés bibliographiques*, tirée à 103 exemplaires.
Un des 3 exemplaires sur PEAU DE VÉLIN.

122. Taine (H.). Œuvres. *Paris, Hachette*, 1897-1910, 39 vol. in-12, portr. en héliogravure, demi-rel. mar. violet, dos ornés de branches de feuillage mosaïquées de mar. r. tête dor. non rog. *couvertures*. (*Rel. uniforme.*)

Les Origines de la France contemporaine ; 12 vol. — Essai sur Tite-Live,— Essais (Nouveaux Essais et Derniers Essais) de critique et d'histoire ; 3 vol. — Histoire de la littérature anglaise ; 5 vol. — La Fontaine et ses fables. — Les Philosophes classiques du XIXe siècle en France. — Voyage aux Pyrénées. — Notes sur l'Angleterre. — Notes sur Paris. Vie et opinions de M. Frédéric-Thomas Graindorge. — Carnets de voyage. Notes sur la province. — Un séjour en France de 1792 à 1795. — Voyage en Italie ; 2 vol. — De l'Intelligence ; 2 vol. — Philosophie de l'Art ; 2 vol. — Etienne Mayran, fragments. — H. Taine, sa vie et sa correspondance ; 4 vol.

Très bel exemplaire.

123. Thévenin (Léon) et G. Lemierre. Les Arts du Livre II. Histoire et technique de la Typographie. *Imprimé pour la Société des Amis du livre moderne*, 1910, pet. in-4, 18 pl. br. *couverture*.

Cet ouvrage, publié par les soins de la *Société des Amis du Livre Moderne*, et réservé exclusivement à ses membres, n'a été tiré qu'à 125 exemplaires numérotés (n° 67).

124. Uzanne (Octave). La Reliure moderne artistique et fantaisiste. Illustrations reproduites d'après les originaux par P. Albert Dujardin et dessins allégoriques de J. Adeline, G. Fraipont, A. Giraldon. Frontispice de Albert Lynch, gravé par Manesse. *Paris, Rouveyre*, 1887, gr. in-8, front. et 72 pl. de reliures, demi-rel. mar. r. avec coins, tête dor. ébarbé, (*Garidel.*)

Exemplaire n° 499, sur papier vélin des fabriques de MM. Gerbault et Barnéoud.

125. Vigny (Alfred de). Stello, avec une introduction de Jules Case. *Paris (pour la Société artistique du livre illustré)*, 1901, in-4, fig. br. *couverture*.

Edition spéciale tirée à 500 exemplaires, illustrée de 65 compositions de Georges Scott, gravées sur bois par Eugène Dété et de 41 lettres originales ornées, gravées sur bois par le même.

Exemplaire numéroté sur papier vélin (n° 450).

---

126. Cladel (Léon), *Athlètes*. — 28 ff. petit in-4.

Manuscrit autographe signé et daté de Paris, août 1869, de cette nouvelle, première ébauche d'*Ompdrailles, le Tombeau des Lutteurs*, paru dix ans plus tard.

127. Cladel (Léon). *Pierre Eloy, drame en vers*. — 15 ff. (dont 2 in-8 et 13 in-fol.) écrits au recto et au verso.

Manuscrit autographe d'un drame resté inachevé.

128. Cladel (Léon). Autographes divers. — 24 feuillets de divers formats.

Sonnets. — Fragments pour *la Fête votive de Saint-Bartholomée Porte-Glaive*. — Brouillons de lettres à Villemessant, Paul Meurice, etc. — *En Quercy, l'Eté*; vers. — *Hallucination*; nouvelle. — Lettre de Camille Delthil à Léon Cladel. — Etc., etc.

129. Villiers de l'Isle-Adam. La Révolte. Drame en un acte, en prose. *Paris, Lemerre*, 1870, in-12 de 46 pp. et 1 f. non ch. en feuilles.

Précieux exemplaire des dernières épreuves de cette pièce, avec *corrections, variantes* et *bon à tirer* de la main de Villiers de l'Isle Adam.

MINIATURES. — ESTAMPES ET GRAVURES EN COULEUR. — COSTUMES

130. Portraits des Comtes et Comtesses de Flandres. — In-8, mar. r. à long grain, dos orné, fil. dent. int. tr. dor.

Recueil de vingt-neuf portraits, *peints en miniature* sur vélin, en buste, dans des médaillons, et accompagnés de légendes.
Il est précédé de ce titre : *Série des comtes de Flandres dédiés à leurs Altesses Albert et Isabelle, le 20 de septembre 1619, par Antoine Van Dyck.*
Recueil aux armes de Flandres, auquel on a ajouté le portrait de Ant. Van Dick, gr. par A. Dillens.

131. Miniature ronde encadrée. *Portrait d'homme en buste*, décoré de la légion d'honneur, signé C. B. *1810*. — *Portrait ovale d'un prélat* de l'époque Louis XIII, encadré. — Ensemble 2 pièces.

132. Miniatures rondes et ovales, encadrées : *Quatre portraits de femme en buste*, de la fin du XVIIIe et du commencement du XIXe siècle, dont un signé Sauvage. — Plus un *portrait de femme*, ovale, gravé. — Ensemble 5 pièces.

133. Petites peintures rectangulaires, encadrées : *Jeune femme debout à côté d'un homme assis* (sujet gracieux) sur ivoire. — *Peinture allégorique* (sujet ancien). — Peinture sur porcelaine (*Paysage*). — Ensemble 3 pièces.

---

134. Ædium Farnesiarum tabulæ ab Annibale Carracio depictæ, a Carolo Cæsio æri insculptæ atque a Lucio Philarchæo explicationibus illustratæ. *Romæ, Monaldini*, 1753, in-fol. portrait, 34 planches, fleuron, vignettes et culs-de-lampe gr. mar. r. dos orné, large dentelle et compartiments, tr. dor. (*Rel. anc.*)

Exemplaire de dédicace, aux armes de Marc Foscarini, doge de Venise, armoiries dont une des pièces (le lion) est également frappée aux angles de la dentelle qui décore les plats.

135. Œuvres de Phpe Wouvermans, hollandais, gravées d'après ses meilleurs tableaux qui sont dans les plus beaux Cabinets de Paris et ailleurs... par J. Moyreau, graveur du Roy. *Paris, chez Moyreau*, 1737, gr. in-fol. titre-front. port. et 103 pl. gr. par Moyreau, Cochin, Chedel, Pelletier, Aveline, Le Bas, Varin, etc., demi-rel. chag. r.

Important recueil d'estampes dont la plupart représentent des scènes de Chasse et d'Equitation, d'après les tableaux de Wouvermans.

136. Jan van Luyken. De Bijenkorf des Gemoeds (La Ruche de la Conscience) honing zaamelude uit allerly bloemen. Vervattende over de honderd konstige figuuren. *Amsterdam*, 1711. — Suite de 1 frontispice et 101 figures par *J. van Luyken*, soigneusement remontés en 1 vol. in-4, demi rel. peau de truie avec coins.

Tirage à part de ces jolies figures, intéressantes pour les costumes de l'époque. Le frontispice est en épreuve AVANT LA LETTRE.

137. Vita D. Thomæ Aquinatis, Othonis Vænii ingenio et manu delineata. *Bruxellis, apud Ant. Collaer*, 1778, in-fol. titre-front. et 30 pl. gr. d'après Otto Vænius par C. Bœl, G. Swanenburg, C. Galle et E. Paenderen avec légendes en latin, v. f. ant. dos orné, fil. et comp. tr. r.

138. Œuvre de F.-E. Weïrotter, peintre allemand, né à Inspruck en 1730 et mort à Vienne en 1771 ; contenant deux-cent quinze paysages et ruines, dessinés d'après nature, tant en France qu'en Italie ; gravés à l'eau-forte avec beaucoup de goût par lui-même. *S. l. n. d.* (*Paris, Basan*, 1775), in-fol. portr. et 109 pl. contenant 225 sujets gr. demi-rel. mar. r. avec coins, dos orné, fil.

Le titre est doublé ; raccommodage cachant la souscription.

139. ORNEMENS INVENTEZ PAR J. BÉRAIN. *Et se vendent chez Monsieur Thuret aux Galleries du Louvre, s. d.* titre-front. et 42 pl. — Dessins de cheminées (pendules, vases candélabres, etc.) dédiez à Monsieur Jules Hardouin Mansard... inventez par son très humble et très obéissant serviteur Berain, dessinateur du Cabinet du Roi. *Ils se vendent chez l'autheur aux Galleries du Louvre, s. d.* titre-front. et 41 pl. — Ens. 2 titres-front. et 83 pl. gr. en 1 vol. gr. in-fol. demi-rel. chag vert.

Intéressant recueil de ces planches si recherchées pour les superbes modèles de décoration de l'époque Louis XIV qu'elles représentent.
La plupart des pièces sont remontées.

140. JANINET. — Cinq bustes de femmes avec coiffures (gravés par Janinet), sur la même feuille in-4, très jolie *pièce en couleur*, à toutes marges.

141. JANINET. — Portrait de *Madame Saint-Huberti de l'Académie Royalle de musique*, dessiné par Le Moine, gravé par J. Janinet. *A Paris, chez Janinet, place Maubert*, in-8, jolie *pièce en couleur*, à toutes marges.

142. — *Aux Mânes de J.-J. Rousseau. Rousseau la releva, la consola et la secourut. A.P.D.R.* in-4, *en couleur* (gravée par Janinet), belle épreuve à toutes marges.

143. — Vues pittoresques des principaux édifices de Paris. *A Paris, chez Esnauts et Rapilly*, 7 planches en *couleur*, in-8, de forme ronde, dessinées par Durand, gravées par Janinet, épreuves à toutes marges. (Planches n°s 6, 25, 36 *en noir*, 63, 69, 70 et 71). — Plus une épreuve *en noir* des planches n°s 17 à 20 tirées,les quatre sujets, sur la même feuille in-folio, à toutes marges.

144. — *Vue de la nouvelle Salle des spectacles de la Ville de Nîmes*, gravée par Mlle Janinet. *A Paris, chez Rolland*, in-folio en travers, *pièce en couleur*, à toutes marges.

145. — Vues de Suisse. — *Bachalp au haut du Grindelwald*, gravée par Janinet d'après Wolff. *A Paris, chez Wagner*, belle pièce in-folio, *en couleur*, à toutes marges. — Une autre vue, épreuve en *couleur*, coupée au cadre. — Ensemble 2 pièces.

146. *Ariadne, Hébé*, dessinés par Cipriani. *A Paris, chez Janinet, place Maubert*, 2 pièces ovales in-8, gravées avec pointillé et tirées en bistre, à toutes marges.

147. Le Duc de Berry, ou Vertus et belles actions d'un Bourbon, par Edouard Hocquart. *Paris, Imprimerie de Didot le jeune*, 1820, in-4, pap. vélin, portr. et pl. gr. cart. *non rog.*

Ouvrage orné d'un portrait gravé par Gazet d'après Colin et 11 curieuses planches gravées au lavis d'après Chasselat, Desenne, Fragonard, Martinet, etc.

148. Charles Aubry. Chasses anciennes, d'après les manuscrits des XIVe et XVe siècles. *Paris, publié et imprimé par Ch. Motte*, 1836. — Suite de 12 planches lithographiées par Ch. Aubry (*sans titre*) en 1 vol. gr. in-fol. cart.

Exemplaire monté sur onglets.

149. Peintures. Estampes et gravures, en noir et en *couleur*. — 25 pièces, costumes, vues, sujets historiques, galants, allégoriques, etc.

150. Portraits anciens, gravés ou publiés par de Larmessin, Moncornet, Bertrand, Petit, Boitard, Desrochers, etc. — 12 pièces.

Tamerlan le grand, *Siach Abas Sophey*, sultan de Perse, *Eumenia*, grande sultane, *Mustapha Coul-Oglon*, grand visir, *Thamas Kouli-Kan*, roi de Perse, *Mehemet Effendi Tefterdar*, ambassadeur de la Porte, *Ssaid Pacha*, ambassadeur, *Mehemet Meshoud Bey*, fils de Ssaid, *Hyder Ally*, commandant en chef des Mahrattes, gravé par Le Beau.

---

151. Costumes de divers pays. — Réunion de 21 planches in-fol. gravées par Gatine d'après Lanté, Horace Vernet et autres et COLORIÉES.

Estampes numérotées : 2 à 4, 11, 13, 14, 21, 24, 26, 27, 33 à 36, 47, 58, 60, 67, 76, et 84.

152. EXERCICE DE L'INFANTERIE FRANÇOISE ordonné par le Roy le 6 may 1755, dessiné d'après nature dans toutes ses positions et gravé par S. R. Baudouin, colonel d'infanterie... *S. l.* (*Paris*), 1757, in-fol. titre, texte et 63 pl. gr. à l'eau-forte par Baudouin, demi-rel. mar. r. à long grain, dos orné, tr. dor.

Ouvrage très recherché.

153. The Costume of the Netherlands, displayed in thirty coloured engravings after drawings from nature by Miss Semple with descriptions in english and french. *London, Ackermann*, 1817, in-fol. titre-front. et 30 pl. de costumes gr. et *coloriés*, avec descriptions en anglais et en français, demi-rel. v. f. avec coins, dos orné, tête dor. non rog.

Ouvrage rare, orné de jolies planches finement gravées et COLORIÉES.

154. B. Pinelli. I Briganti. *S. l. n. d.* (*Rome*, 1818). — Suite de 16 planches par B. Pinelli, gr. à l'eau-forte, en 1 vol. in-4 obl. cart.

155. NOUVELLE COLLECTION DE COSTUMES SUISSES, contenant 24 feuilles, dessinées par Monsieur G. Volmar, célèbre artiste et professeur de dessin à Berne. *Berne, chez l'éditeur J. L. Lang*, 1819, in-4, 24 pl. fixées sur papier chamois (dont dix-huit avec texte), cart. dans un étui, *couverture*.

Suite très rare.
Epreuves COLORIÉES.

156. Raccolta di quindici Costumi li piu interessanti della Svizzera disegnati ed incisi all'acquaforte da Bartolomeo Pinelli

Romano. *Roma, presso Luigi Fabri, s. d.* in-4, front. et 15 pl. de costumes, demi-rel. chag. r. avec coins, dos orné.

157. Recueil de plusieurs habillements espagnols. — Suite de 64 planches de costumes gravés par Devère et *coloriés*, avec légendes en espagnol et en français, en 1 vol. in-fol. demi-rel. mar. bleu avec coins, dos orné, fil. tr. dor.

158. Album d'un soldat pendant la campagne d'Espagne en 1823 (par Clerjou de Champagny). *Paris, Imprimerie de Cosson.* 1829, in-8, pl. demi-rel. v. f. dos orné.

Ouvrage orné de 38 curieuses planches (sur 40) *lithographiées en couleur*, par Cœuré, d'après les dessins de l'auteur.

159. The Costume of the original inhabitants of the British Islands, and adjacent coast of the Baltic, including the ancestors of the Anglo-Saxons and Anglo-Danes, from the earliest periods to the sixth century; accompanied with appropriate historical and descriptive illustrations, by Samuel Rush Meyrick and Charles Hamilton Smith. *London, Dowding, s. d.* in-fol. front. et 24 pl. de costumes gr. demi-rel. mar. r. avec coins, dos orné, non rog.

Exemplaire avec les PLANCHES COLORIÉES.

N° 1364

ÉM. PAUL ET FILS ET GUILLEMIN
Libraires de la Bibliothèque Nationale
28, RUE DES BONS-ENFANTS, 28

Bibliothèque de M. A. Firmin-Didot

Catalogue des livres précieux, manuscrits et imprimés de la bibliothèque de M. Ambroise **Firmin-Didot**. *Paris*, 1878, 1879, 1881, 1882, 1883 et 1884, 6 vol. in-8, br. — Chaque vol .... **4** fr. »

— Le même catalogue, *tiré à petit nombre*, sur PAPIER DE HOLLANDE et illustré de nombreuses planches hors texte et de chromolithographies, 6 vol. in-4 (*publiés à 30 ou 40 fr. le vol.*) — Chaque vol..... **15** fr. »

TABLES ALPHABÉTIQUES DES NOMS D'AUTEURS des ouvrages anonymes et des artistes, suivies des listes des prix d'adjudication de la Bibliothèque Ambroise **Firmin-Didot**. *Paris*, 1878, 1879, 1881, 1882, 1883 et 1884, 6 tables in-8, br. — Chaque table sur papier ordinaire.... **2** fr. **50**

— sur PAPIER DE HOLLANDE.......................... **4** fr. »

Cette bibliothèque est la plus importante qui ait été livrée aux enchères dans le cours du XIXe siècle ; ces six ventes ont produit plus de DEUX MILLIONS CINQ CENT MILLE FRANCS. Tous les ouvrages qui la composent, comprenant de nombreux manuscrits avec miniatures, des xylographes, des incunables et les livres les plus rares et les plus précieux dans tous les genres et de toutes les époques, sont accompagnés, dans ces catalogues, d'une description détaillée et de notes savantes qui sont d'un grand prix pour les libraires et les bibliophiles.

Bibliothèque de M. E. M. B. (Bancel)

Catalogue des livres précieux et des manuscrits avec miniatures composant la bibliothèque de M. **E. M. B. (Bancel)**. *Paris*, 1882, in-8, pl. br.. **5** fr. »

Tirage à part *à petit nombre* sur PAPIER DE HOLLANDE, orné de deux planches en héliogravure et suivi de la Table des noms d'auteurs et de la liste des prix d'adjudication.

Ce catalogue, rédigé avec le plus grand soin, est indispensable aux amateurs d'Heures gothiques, des livres sur les modes, les costumes, les fêtes, les dentelles, la danse ; il renferme en outre une collection très importante des premières éditions des poètes français du XVIe siècle, des pièces rares sur l'histoire de France, etc., etc.

Bibliothèque du Baron de La Roche-Lacarelle

Catalogue des livres rares et précieux, manuscrits et imprimés, composant la bibliothèque de feu M. le Baron S. de **La Roche-Lacarelle**. *Paris*, 1888, gr. in 8, portr. gr. br. auquel on a joint la *Table des noms d'auteurs et la liste des prix d'adjudication*.. .... **5** fr. »

— Le même catalogue, in-4, *tiré à petit nombre* sur GRAND PAPIER DE HOLLANDE, orné d'un portrait à l'eau-forte, de 36 reproductions de reliures en héliogravure et en chromolithographie et de 21 fac-similés de titres, avec la *Table des noms d'auteurs et la liste des prix d'adjudication* .... **10** fr. »

TABLE ALPHABÉTIQUE DES NOMS D'AUTEURS, et des ouvrages anonymes de la bibliothèque de feu M. le Baron S. de **La Roche-Lacarelle**, suivie de la liste des prix d'adjudication. *Paris*. 1888, gr. in-8, br. **2** fr. »

M. Ernest Quentin-Bauchart, dans son curieux ouvrage *A travers les livres*, en parlant des bibliophiles de son époque, déclare que le baron de Lacarelle fut son maître, *Lacarelle genuit Quentin-Bauchart*, et lui donne avec raison la première place, *primus inter pares*, dans le monde des livres. Il ajoute : « De tous nos bibliophiles contemporains le baron de Lacarelle sut le mieux déshabiller une reliure, poursuivre la moindre tare jusque dans les replis du *mords* et de la *coiffe*, et découvrir ce que lui-même a appelé la *punaise*. » Ces éloges mérités indiquent suffisamment que la bibliothèque de cet amateur éminent n'était composée que de livres de choix, remarquables par leur condition intérieure, la beauté et la perfection des reliures anciennes ou modernes qui les recouvraient.

Tours, imp. Tourangelle, 20-22, rue de la Préfecture.

www.ingramcontent.com/pod-product-compliance
Ingram Content Group UK Ltd.
Pitfield, Milton Keynes, MK11 3LW, UK
UKHW020517180726
13839UKWH00005B/2137

9 782329 551548